```
S L U B P H V M S X G V R F B C I O H H K I
X D M D B X I L O J L F G X H O F G Y Z A B
T R M P I W J P Q A X X Q Q G E L T L W V Y
G Y B O P O R T S A I D M F R P Y C J I E G
O A N E E H J N K T Q T F W W K N E Y G I M
Y K M T R Q N M I Z A A N F R R G T C D L G
M I T A W A K K O L K A R M A N A Q E Y L C
F L H Q L D U D X N E X H L C Y I L N J E D
U B I C C A J U B X P D I J Y O F A J J T X
O A S N K N B B M U I Y E A P C M U W Q Y W
H F T K X N D D P X Z Y Z L F Z A D L T O O
F R J P C K X T E X O Z O S T Y O N U B U N
Y S B B M W C O C L A J Z O A A G V K F S D
Z S L I G E L N T R N S W M S M T J J G S Y
Q P E N X G A E F O G A U Y C U F G U P E X
Z N U W N G G A M E L O S J Y P T A P I F E
I U P H U K K N G Z Y D F S N E V X L C W B
B G D Q A T T A R A D E P R E S S I O N A A
Q T S S Y G T G F P K J X S S R N H Q W H R
D W F J T K C H Q Y B N J D D E Z K Z C B D
U O A F W G F H M Y A I W F E L I F J O I P
E V R K H E G S L K B U L U E I D E E R G X
```

| | | |
|---|---|---|
| FAYOUM | PORT SAID | NILE DELTA |
| YOUSSEF WAHBI | KAFR AZ ZAYYAT | TAWAKKOL KARMAN |
| QATTARA DEPRESSION | GAMAL ABDEL NASSER | |

```
Z  T  G  D  O  N  M  I  K  H  F  U  J  U  J  G  I  F  J
W  Y  R  G  K  G  E  E  T  T  N  P  S  N  I  I  T  R  C
T  Y  U  B  J  K  Q  P  H  P  I  C  X  N  S  Z  V  S  B
B  Y  K  P  J  N  M  H  X  S  G  V  Q  S  Z  A  D  F  T
C  I  O  G  I  O  T  N  S  B  F  R  K  C  T  S  L  H  F
Q  H  Q  U  M  D  E  S  W  D  F  M  M  V  B  H  E  P  J
H  O  V  P  S  E  U  N  A  O  B  F  J  Q  L  A  K  Z  A
C  L  Z  V  Q  S  A  L  A  L  A  M  A  Y  N  D  X  G  X
M  F  W  W  P  O  E  H  G  R  E  G  W  M  V  I  L  U  G
C  Z  W  B  P  U  F  F  B  U  D  X  N  G  I  A  V  L  N
K  T  T  O  B  K  P  U  C  R  J  M  A  V  B  V  M  F  V
V  O  K  Y  R  A  H  B  A  H  E  Q  H  N  X  Z  Z  O  L
Z  I  U  L  H  S  B  Z  B  N  A  J  M  S  D  T  X  F  O
O  D  X  L  W  I  L  H  E  R  W  H  R  L  B  R  Y  A  P
L  B  W  S  E  O  M  G  H  L  J  J  I  F  G  S  I  Q  Z
Q  M  C  S  E  T  K  B  O  B  P  E  C  N  A  Z  Q  A  I
Y  K  M  V  A  X  K  I  N  Z  K  U  L  S  E  V  Q  B  J
X  F  T  R  O  P  N  E  R  T  V  Z  A  X  F  B  B  A  U
L  D  Q  W  Y  U  A  R  D  F  E  P  C  R  C  U  P  E  Y
```

| | | |
|---|---|---|
| GIZA | SHUBRA | DESOUK |
| SHADIA | AL ALAMAYN | ALEXANDRIA |
| GULF OF AQABA | YOUSSEF CHAHINE | |

```
N  S  W  S  W  M  N  P  X  G  M  I  W  W  M  N  O
R  V  D  E  A  T  V  C  K  A  G  T  Q  C  G  E  L
I  Q  L  M  C  H  X  O  H  X  K  S  Y  E  L  A  Q
D  E  R  T  L  K  A  W  I  U  O  L  U  V  N  G  B
O  O  B  V  S  H  E  R  I  H  A  N  Z  A  Z  I  O
B  K  N  W  J  A  A  D  A  V  Z  Y  C  L  A  N  P
K  B  Z  N  K  J  H  D  M  D  X  Z  D  W  W  P  F
P  L  P  K  R  V  M  Z  L  I  E  I  I  A  H  P  Y
P  F  R  S  J  T  E  O  I  U  C  S  Z  W  J  O  L
E  W  Y  N  I  K  D  M  S  C  X  L  E  K  P  R  K
S  Z  C  G  J  J  Z  B  M  V  D  O  K  R  W  N  G
Y  M  D  T  E  E  E  Y  A  H  J  P  R  W  T  E  T
A  O  O  T  V  F  W  Y  I  N  Y  U  Z  J  X  N  Z
U  T  K  Z  G  E  A  H  L  W  A  X  M  S  I  J  F
P  X  E  R  G  G  I  Y  I  X  Q  X  X  N  Z  N  J
Y  P  M  Q  Q  M  L  C  A  K  N  O  L  J  R  N  F
Q  V  N  I  L  E  R  I  V  E  R  Y  Q  T  W  A  Q
```

SIWA
SHERIHAN
AHMED ZEWAIL

LUXOR
NILE RIVER
SAHARA DESERT

ISMAILIA
SUEZ CANAL

```
L W O D L O N O L C X F D E J K N P U E W A
W I N F E K I R M O J Z O A B C O K L R M B
M G B I N N C S O A D H O S N Y Z M A M A D
C G D C Y N T C N S D P Q T R Y H C Q H U E
C V J Z G W A S T A C R O E D C D J G Y P L
C T Y K W R P V S V W K V R U U K Y U A E F
N H R H W A S H H I D A F N Q X U P A W J A
C V Z V C Y I C E T G C L D R T Y M Q L G T
J N G S W O H V C U A Z X E D P W C D E S T
R C M I S F W S V L Q M F S L G L N K L X A
X N M V Q M Q I X I N I E E R S G P I X K H
D I F B Q R L W C Z S N F R Q B A N H A Q E
W P A O U J L N B T R W H T H B G A X G V L
D Z K O H F F U G S Z N D R F O M R D E P S
S Z L Z G E G Z C H Q F H X N I S U Q A C I
U C N M U P U D G U S Q Z O E W I N H T W S
B B C A T Q F K Q Y C N K H U I V P Y C P I
P M E I V F S A I B E S K W C A W E G A C U
X L Q L Y O R R T E W L X K P Z I G O O H H
P M Y O Q W C Y N I E T J H L O B R G M H I
Z K K L Y E T F J V U I I X T Y M Z D N B V
U V T Z Q E Y A I Z S O B A W M R U C S L I
```

| | | |
|---|---|---|
| QIFT | BANHA | EL KHEIMA |
| SOAD HOSNY | TAMER HOSNY | EASTERN DESERT |
| NAWAL EL SAADAWI | ABDEL FATTAH EL SISI | |

```
Q K O A L S A Q M E X B D P I Z R G V
T P R W D D E M J S O V H U H L V Q G
C E K E L K U B R A H I I L I Y U Q Y
B C U R X R M C F W H S L B V E H L D
A Y S L K F L F D Y A K A I S E L E C
Z M G G E F R Z X K J K F G J H J T H
M U U Y B Y A H N C D X E L A T O W U
B A L F A Y Y U M U W O C D R X D V B
T F F F K Y X R O W Z P V Z M C W C T
G I O Y H Y G M E W A L I T F L U B C
X J F T K W H Z Z I H T J A E M U M C
X W S I N A I P E N I N S U L A X H O
Q S U R M C O V T D H I W Y J Q E T Z
L H E U T C S O J D A C L G Q Z L Q U
H N Z Q S M R B I Y W D V J S E F T Y
J G O Z U K A H Q H A N Y S H A K E R
X I J P D G A B W E S Z E Z J D R S O
Z U E C X V Q U X C S D Y C J R I S G
W Z L V Y R H M Q L M H D Y B B Y Y I
```

EL KUBRA        AL FAYYUM        AMR WAKED

ZAHI HAWASS     HANY SHAKER    GULF OF SUEZ

MAHMOUD KABIL   SINAI PENINSULA

```
C P T Y R Z I C O W N L C C Z L G Z A
C Y Z P G M J L X C N M X V T M P Y F
D Y S M G S A H V I H X K G B U X M C
Y Q I I I I H N N U V R Y Z U D O N C
K O D B I T V E S I G J U N U X S I O
G W U E Z R G Q O O V F V I T Z L N H
J S N S D V U H I T U A A O O R A T O
R Z E Z R R X G A W K R E G I G F S X
Q X Y O Z A D Z D M S I A B F B J P H
E B I H X M K Z G D R D K I K A N E F
S P W T E K U W B N S A A L E U M X O
O I I K J R T O N H R O Y B N W N B S
H P U H A S S A N E L S H A F E I W V
A F T Z I O N U M Z X M A I K B M A R
G P T G N Y M R C M V A I S V N M S E
Y A H M E D H E L M Y N G A Y X B D V
Z B F Q T J C O N N W Q E L R B F Q I
V Z O Q J N X A J I P L Z W E W R L F
R I M E V G O F Q R H P I V R J N Z C
```

SOHAG            YOUSRA              BILBAIS
MANSOURA         MIT GHAMR          AHMED HELMY
FARIDA OSMAN     HASSAN EL SHAFEI

| | | | | | | | | | | | | | | | | |
|---|---|---|---|---|---|---|---|---|---|---|---|---|---|---|---|---|
| A | J | F | J | F | R | U | T | V | P | J | T | X | U | J | I | A |
| J | N | Q | A | D | A | I | C | C | O | O | Y | R | T | S | C | H |
| R | Q | B | Z | R | P | T | Q | V | H | D | I | V | G | W | Q | U |
| S | C | J | Q | R | I | O | E | L | V | B | D | J | V | A | G | B |
| F | L | A | O | V | A | D | X | N | A | L | Z | W | P | H | P | Y |
| R | U | E | V | D | N | X | A | K | H | K | Y | D | X | W | V | V |
| C | B | X | I | N | R | W | U | K | X | A | L | S | H | C | V | F |
| N | V | L | F | L | X | B | U | Q | H | Z | M | H | Q | Z | J | N |
| I | A | I | E | H | A | J | K | O | M | A | E | A | C | X | R | U |
| D | J | K | U | R | U | M | O | A | E | A | N | Q | M | L | P | W |
| Y | N | S | W | P | F | R | O | H | E | W | K | U | X | A | V | G |
| M | E | M | L | W | B | W | X | U | A | O | H | E | M | Z | E | U |
| M | I | Y | A | S | S | E | R | A | R | A | F | A | T | J | P | B |
| A | D | E | L | A | D | H | A | M | N | A | E | U | I | K | H | U |
| O | Z | H | Z | K | H | U | R | G | H | A | D | A | Q | Z | H | F |
| Y | W | E | N | M | B | S | E | G | S | F | J | I | H | A | N | H |
| F | A | K | G | O | I | R | G | I | V | J | Q | K | H | P | K | F |

DALIDA HURGHADA ABU KABIR
ADEL ADHAM LEILA MOURAD FATEN HAMAMA
FARIDA KHANUM YASSER ARAFAT

```
R I C L B R Z D R L X J N H S T S G G Y Z
W U Y J A E J W M N F G G H J D I G P M G
R L E M P H F J B C M Y T S U F M A D R O
I X X G V F G N V P V X S B Y D V M B N D
H P X A L G Z U I R C J Z B D T A A Y D E
Q G B B D F I N F Q K L I D W Z V L S M W
X U U U S F J S N K Q X N V O G P A M X Z
B G H E O D S N X H Y F A Z D U R B I F T
E M V F B K A F R Q L C O D M M G D N E R
Y L T P S W M P F Q P L Y H H R U E Y Y K
L D M G L Y C I E B J G T R I C C L A E C
S P P A Q R O R O X R J X Z X W G N C S J
A X H N H X O I Y D M B Y F E E H A B W P
I M I Z D A E V T T E C Y Q B O S S A B U
X P S M R L L Z V Q H O D G Z T F S J S Y
Q E H S L J C L P M G B C R I M O E R X O
T E R O N I L X A O B A Q O T C I R X O J
G Q N Z W Z I G K G J O I L P K E Q C G S
B D A S W A N E M P X S U A S M A V Q N G
L H H Y A H T F K B Z I S T I O M L B N S
H X Y Z M J Q V R Y P O N O E H F Q S O P
```

ITSA                  KAFR                    MINYA
ASWAN                 HALWAN                  AL JIZAH
EL MAHALLA            GAMAL ABDEL NASSER

```
S  Q  I  Q  U  P  C  X  Q  P  K  H  D  G  N  D  I
V  R  A  P  D  Z  D  I  V  X  V  C  H  P  J  A  B
E  T  U  P  J  S  K  E  L  Q  A  N  A  T  E  R  E
E  G  A  S  U  R  N  Z  R  Q  Q  U  E  S  N  A  G
Y  D  V  H  A  R  D  I  S  H  F  A  D  C  U  W  E
Q  F  D  L  O  D  X  I  L  Q  T  N  E  G  E  V  F
H  C  C  P  J  S  I  L  K  T  A  A  P  O  R  F  T
N  V  A  A  X  D  N  D  E  S  U  H  C  Q  U  F  F
M  C  S  N  V  F  I  I  T  F  Z  M  F  Q  S  A  F
W  E  Y  Y  L  X  M  A  M  B  R  E  Z  Z  U  A  H
H  E  U  W  L  A  E  E  H  U  S  D  U  P  Y  V  X
C  R  T  Y  D  R  C  G  L  G  B  M  K  Z  R  Q  P
U  D  L  L  G  T  N  M  Z  M  U  A  L  X  D  L  E
Q  P  C  E  Z  B  N  X  W  X  S  L  R  A  Z  E  R
Y  O  Q  Z  A  F  I  B  L  X  X  E  E  A  Q  D  V
X  D  M  F  U  L  A  R  H  V  L  K  W  O  K  H  I
P  F  N  K  T  G  E  T  U  R  B  E  T  E  A  E  F
```

| | | |
|---|---|---|
| ASYUT | DARAW | QUESNA |
| DAMIETTA | EL QANATER | AHMED MALEK |
| HOSNI MUBARAK | GREAT SAND SEA | |

```
R P H I V Q Z R X V N K H J W N Q F C Y F U
U A H M E D K H A L E D T A W F I K C J P P
I J H O Q A M P M Y S S A T J E Z R G W B U
F S Z O D M Q K S F V R H C B M Z O I L J Y
T I R O O A V B O J R C E X S T O A T R F J
G G D B F N K O O N H M R O P L B N E H P G
N I S M H H T O B U H I H E C J F U J C K S
M K H X Y U J Y T B T U Y E Q X U D A E G L
R Y F U C R W D X B U R I V T G Q K J U A V
V K T J P F I Z R Q I V O S V E M Q V M C H
B W W K C E U V L H I D P S I F O S A V F A
C I H T H T N A Z R M Y E M B Q T G G S L L
I D P I W Z X Q O Y V S C D Y O A V D M Y T
U Q G P C G V X L Z C W I P O I U U Q W W N
X Y M C S F T P M W Q D U D D G O T E L R T
T U L P F S I V P O R T J A I H B K R E A W
U G M R T S W E S T E R N D E S E R T O K X
P P T G Y V V J N H A Q M F P I A T O Z S E
D T H X Z F Q U X D B C E G K L G L J R P U
Y M G L Q Y T N H Q L B U D P G I R I F B Y
Z A D E L E M A M M S C Q G X E Y F L M Y Y
G R E U P T M V R M X C F Q Z W B P S K Q E
```

DAMANHUR            ADEL EMAM                HODA KOTB
SIDI SALIM          NADIA GAMAL              WESTERN DESERT
BOUTROS BOUTROS     AHMED KHALED TAWFIK

```
F S H C P R A F A H J G W S J W D R G F D
S E I C F B W N H I J B Z R G P Z H E Q S
X T I P F X F Y W X C E H L W T F U L S G
N F L Y H X Q N U A Y N H R C X D U B C V
D B C E B A F J N L R I A F I N X E O H R
O W Q I G A R S J N I S L Z J N H Q V A P
J K I S S N A A R L W U A D H T E K H U V
Q Z D R K U M L O W J E I D F R P E O Q I
M H I G Q V I E A H L F N O A Y O N T V V
Z M C A F I M Y C N C Z G G H T F Z X Y L
B X Z K P X A T Y P L L R L T S Z Y Z T C
P Y A N N N L P W A H M E D M E K K Y R C
H S G V R T E I L Z D E S O D N U Q J C G
L R S Y L F K L S S J P H E P U J Z H E Y
Z C V D R S B B L O U H M X H A Y U F L T
Q S M K N T Q S Z Y G H K K F F T J M Z Y
C N Q G R G Z M N M A X U L E E F R A N E
X X U N T X W D G B Y J N E B X L P A R U
R A K O O Y A V S F Z M R C A U W U U R L
M U W D Y A J U B D B Z Y Q C H G N V N U
J X N P R R Y R H M L F Z F R T A F O W L
```

RAFAH  
RAMI MALEK  
AHMED MEKKY  

AHMED EZZ  
ALAIN GRESH  
PHARAOH CLEOPATRA  

BENI SUEF  
ANWAR SADAT

```
R P S O G Y V V H X O Z L F L U Y E O K K G
E R E P P O S X W L L P J A U R T F K A I S
C B L T L G Y P Z N X T W R M V N P M K W G
Z G L X D Q H C D W P T S I N M J I G T D I
O P V W C B Q R D H W C L S V L P H I O F Z
Y O D D P S B N L P Y S I H P O U L T P H P
X C A E X A D X Q F J S Q E P O N K K U P N
U F W I B Z T H G M R X W R W G N X P I K V
W G M B Q T L V W O W T R I P J A C S U A A
L X V L A Y L A M U R A D N N S G K C M O V
E G B J Z R O D I B F H M E I B V P P R M S
M P P W X I E O I X L R I A H S J H B W R Z
B D L C T M J Z M A A J U B Y H M N G I L T
M D Z N A L F E Z A A R E D S E A M Z G P T
F B Q H D A X Y R R R E U E A E Q L N D L U
R U O A Y S W X T Z O S U L F L K K K L C D
C M H U B U D A B M O W H W M S O J Z Z M W
A K O V N V P O K Y L U N A H H X V E Z C M
S E J T T O I Z A C P Y N H R E B D D P Y A
D A F P E P K L A P X Z U A L I P D C K S M
G U H L W O P W J L L W A B J K F M G P E Z
Q G C S R U B C R W W R R N X H K S P P U E
```

| | | |
|---|---|---|
| ARISH | RED SEA | CLEOPATRA |
| EL SHEIKH | OMAR SHARIF | LAYLA MURAD |
| MOHAMED MORSI | SHERINE ABDEL WAHAB | |

```
D O P N B S K L U I Q O C A I H G B W E B
G J S E A J D G R B P G J R E G O O C O F
N M B M F M I J Z Y W B Q S C G O M D Z M
B U F L R I U S F X U O V Z D W E X I X Y
G D U X Y T R I H W Z Z D M G M E F F Z L
U R E J O F Q C T I E X Y M G A L S M M U
V X H Q H K R P R F B E K H E I E A Z E U
X W R A F G H G N D E I Z S G M R H Q B D
T W B L K I J A T F W W N U I D P G Z L P
A J G N H X L T L O A A Y I E Q M D A Q F
S U E Y T G A D O E E X O M Y O D A Q F L
W A Z U G Z W C P N D V H I M L E K A X H
A I B Y E M M B A O R A J X D E U U N R R
N O D A M R L R J O M V B K W B S K W A P
H N G T Q G R Q X P H F J O I Q H P A X C
I G V P D E D A H M E D H E L M Y F R W S
G P M C T E B R E N V V E H X N A P S U G
H V W I V M J E A O Q A H K D Y A U A H X
D C D H G Q C N D H G X D O U V J G D C Y
A E N H N L O E O A M K Y A X J Y W A U X
M A D H M V J U Q A S B U C V Z G T T X O
```

GIRGA
ANWAR SADAT
KHALED ABOL NAGA

SHIBIN
AHMED HELMY
MEDITERRANEAN SEA

AHMED RAMZY
ASWAN HIGH DAM

```
I D Y T T B Q N J O D O N B N P A E
U A C P P P K P M E I K Q W D B D R
Z A M S N H M A R S A M A T R U H A
A U G O P A P N U K X W L D R R H W
U X M U H R G H C A I A Y G S A E U
B J M H U A W U Q U M H U D J B I Y
E Y U Z G O M E I O G R B G F T U D
G M A B J H R E K B C W D V O C I I
G T L W R M A L D M M W U I U Y A G
U P H F H E E H M S J A W R A Q H R
I B E Y C N T U I W A A H M B B H W
C R M O I E A Y J X L L Q F X X A N
C V D B M S F F N L I H A C O M E F
U Z I I A Y C Z A Z Z S C H R U K M
U H T Q F A J M I G H H P L J Q Z S
S K A W V M J O J M T F R W I H N Y
D C Q P G K K F U X M V A T L T E H
Z D I V I B E R Z N K V L E T L T N
```

QALYUB  
MARSA MATRUH  
MOHAMED SALAH

MALLAWI  
PHARAOH MENES  
NAGUIB MAHFOUZ

AMR DIAB  
SHIBIN EL KOM

```
F M X Z V C B U C E D A J D A P S G A O
F F M B B L J O O N X A L E F A X M V W
Q X A O U D C Q C L E P M B K T X F X M
Z Q H A F B L R F T A L E I X Z W Y A K
X K Q P M E C W Y H L Z S W E T D P C J
F N D F C Q I D G D Y Z K S F T A U D G
R C H Z A H M E D S H A W K I W T Y P S
P A V R Z T P P F M M U U F S R I A R Y
J L H R D K E B L Z D Y O F C F L I C L
O D M A Q P G M Z A A S Q J M I C E A D
P T D T X U N Z A M K U A S P U N H I K
P H A R A O H R A M S E S I I E C L R V
R O I J L H X Q S I E U N Z L W Q H O C
W P Y O N J C A D A I R J A I X M D G F
X D V E K N S H C I Y V N B S A M D J D
Y O M O N T D A R E J I J I Y S Z J Y A
G W G D I A W A C Q G D T D S U E Z F F
L B F X O H I E R P X N C F C S G R H W
Y G Y K F U H F N X O S Q F U G I A A N
H M X H D G H T L X O D R B Y I K E U F
```

SUEZ     DISUQ     CAIRO
DAMIETTA   LAKE NASSER  AHMED SHAWKI
FATEMA MERNISSI PHARAOH RAMSES II

```
F K N X K X U F X K X S Q Y Q Y Q L O M P
L M U L G D S J E L I Y A J P W B N J F N
Z Z P M V Y L A P I T B A U E M M A Y Y T
Y G I L O W U M P J S P A A P U C S S T L
X B K O B H H M O G N X A L C H C K H G P
Q U N Z A G A Z I G T D E W E A Q K E X Q
G N Y Z I V M M P K R T T H G M P Y T S E
A M H P O A I X E T Q N A X K M U S A N P
B I I E Y G W Q F D Q T Z N I A L B N F H
U S E Q S X T I T U E N K A T D B C M D X
P Q Y J X W S Y D X C L I P F A X S O R C
P I U H V I O Z C X X A B F M L W J B G X
Q U D V S D Y T C Z Q E N A V I X J G G I
Z U D I I M Q Z B J L T H R R P M H Z L G
U V E I O Q Y V I I D S Y Y L A I X Q P A
R H K N N H Y H Y T I O H T K S D F E C S
L J O O S C P K U H T W J P E H F E Q J S
Q C B K P T T Y L Y Q P I H H A U W I I F
E J P D X E U V W P P V L J S A Y R O U R
W R E A T S Y W L Q Y P W B K F R T V B Q
N H L T R J Z K B F N T T D F N D K O X R
```

IDFU     QENA     TANTA
ZAGAZIG    ECONOMY   HISHAM ABBAS
MOHAMED ELBARADEI  MUHAMMAD ALI PASHA

```
A X S C H L C W D G F R M A H K Z
T X N F O R E I G N Q V Q P J W G
F R X P R O S E C V X W U B A E P
K C A P X B P Z E X Z N R H V Y K
D R K S G Y B E A T Q V W A B H T
X U P Q Y T A C R P H K Q V E I U
F L N M G T R N R A K F W G D A J
A H U E O U X A U Z T E D E F C E
U L I M I V Z H D S R I O I O A N
V B R D H W N B B E R T O F D V A
U E O U N E M P L O Y M E N T E X
J W Y B G L B C P A E S K H C R Z
X T P W V K J Q G S Q A L H C N W
X B M W S N L R W H Q T T H U G V
Q E Y M Y Q S Q Y T F Z H U S K Q
J C T P Y K F S N L X C A B W V W
Z P Y N D T D Z T G U P S S N J A
```

DUNE               RIDGE              TRADE

PROSE             CAVERN           FOREIGN

COOPERATION     UNEMPLOYMENT

```
C D J V H P J V W W W W X S G I T A X Z D
R O B G D L G X N D R M M T K T S L W C P
E J O Q T T O F N A T I O N A L T N V E J
M Z R L U K J A Y E A Z M N O S W W G E K
H Q S N H N Z B K D W X E O W F X I S K K
F A E V A D U J E S Y E J D K S Q H D X Q
T T K U M T E K Z N D A J P U O L J U L Q
W V R H Y K I Q M S T A T E H C J Z I J G
J Y Y Z U M F O E H E R J R K I L A G D S
D S O I C W Z X N E B C E L A A M I O S Y
I G Q X H L H S Y A A L S P Z L T P F D O
H R O F V L O M I V L G Y G R N H K H F Y
H H M F V W J L T D O S G C E E R G F W D
Q K N Y C U A S J G J T E V C T N F V R P
T I R W K M Q P S G F C E C E W O E V N H
G H M I O O C F W I W K J K U O J Z U N R
S J N W T O O Z G A X W R X D R U G X R P
B N H W J M V T S Q B A V R V K I X B R L
O H R C G P F H L B M S X R K C B T Y M P
V O T R Z J G K D M X D O S N R J G Y J Q
X O O I N T G J O D J Z W D S L H V A A A
```

STATE          CLIFF              EVENT
MARKET         NATIONAL           ENTREPRENEUR
SOCIAL NETWORK NATIONAL SECURITY

```
H T J C K U S Y U W P J U A M O W Z M H E C Y
A F Z X W C X A A X G P H V S W Y H Q J F G D
O F S G K S S A F G Y T C J V F L G M I O U C
B T L L D G G C W O B L M D A N C E Y M D K D
Z S J N G T F I Z J L X S A I I A J A N T G X
T T J G O L P Y H B I A C Q N N K O U A L B X
M C C O T N R V G D B L O L P I F O T D O E M
O W X I N R A V A U S I Q D S F S J H F R Q P
Q D G O N M I L Z Y F J K J P S H L O R E I S
O J O Z N P Y X I K Y X L I L X I N R F Z K Y
Z C V E P D D H S G C N N E Z L I V I H A X S
M K G U K I R U I T N X Q B Y X V G T G O H Q
J S U R S T G T V M P E C B X L M F Y A D V C
K T C T X B Y O U V G X D Q Y W C T D B Q G I
E H K U L J S H H L E S R M M J K I R X P J O
X B E C L V P U M X O W N K O I E C D L A J W
T A B L Q P G H A W J A F R B V L P N U J S Z
I O D U R H T N J S Y R G Z Q A E C A F K F W
V N N X T V N U L F H V Z X O O C M D O E C L
H I T E W T Z E R D J L Z M N U T Q E C B C G
P T W A R E E P N E Z N B M Q F I C J N Q X J
C V T Z K U Z A U S N M W B S D O E S E T B Q
Y H G P R D I N T E R N A T I O N A L L A W G
```

DANCE   SOUND   BUTTE

ELECTION   SCULPTURE   AUTHORITY

INTERNATIONAL LAW   NON ALIGNED MOVEMENT

```
Y  Y  W  Y  F  J  K  V  N  R  Z  N  L  T  O  M  L  O
S  F  J  I  Z  O  L  I  G  O  P  O  L  Y  U  B  D  M
R  Z  V  M  Y  W  J  K  S  W  F  P  H  D  F  C  E  A
V  M  J  Y  Y  U  Q  M  Z  B  R  O  X  Q  C  A  F  H
B  X  Z  Q  P  M  W  P  F  G  Y  B  X  Q  P  P  L  M
Z  X  E  V  R  E  D  E  K  L  P  R  K  F  D  I  A  T
D  Y  H  F  I  D  E  W  D  T  E  I  I  Y  Z  T  T  Q
X  O  N  I  M  O  U  N  T  A  I  N  D  G  F  A  I  L
B  K  E  P  E  C  U  M  O  K  U  C  U  G  A  L  O  C
Y  U  U  T  M  T  N  U  L  E  W  E  N  Q  W  I  N  K
I  U  F  X  I  N  V  O  L  V  E  M  E  N  T  S  Q  L
C  Z  K  W  N  I  R  T  O  C  T  V  F  P  A  M  T  J
M  B  L  Y  I  R  O  C  N  D  J  Q  I  W  E  U  U  C
I  M  M  T  S  G  C  R  I  F  G  S  E  V  G  P  K  I
J  U  A  E  T  A  R  E  H  Z  O  C  L  M  J  N  W  L
H  B  E  A  E  C  V  A  R  N  Z  N  D  Z  S  W  X  N
U  G  B  O  R  D  E  R  D  I  S  P  U  T  E  D  E  O
R  Q  K  Z  S  G  F  E  R  J  T  D  L  M  Q  M  G  M
```

| | | |
|---|---|---|
| MOUNTAIN | OLIGOPOLY | DEFLATION |
| CAPITALISM | DUNE FIELD | INVOLVEMENT |
| BORDER DISPUTE | PRIME MINISTER | |

```
O M Z B C G X Z D S I W R P P N F Z
W T B U D L Y Y F Q H V F T Q O B S
E X O U W O T M Q P B V M E D K U G
S U P D D R Q B B O H R Y N L Z O E
E Y V G D G W V W W H D Y Q H P C Q
W X K A J O E B C A S E B T R W W G
H M V Z W X E T N U J H T Z P G A H
I K F A I J U O S U A Q Z S O T P E
D X D F M T U C V U F A X Y L B R J
K N C R C P V G S T R U B N I U N N
E Z U O N Y B Y F Y K P J I T C F S
F T J M R H V Q P U Y Y L L I Z R N
N L J E C A B I N E T A U U C M A N
U B K A V D L B M C Z C V M S S X J
E F E L K Q F R B X X G M C F S O T
W B H P G I N T E R A C T I O N G H
U M C Z A F J J R E G I O N S B G V
Y Z P X B J S J Q I F X U P W R K Z
```

BEACH  
CABINET  
INTERACTION  

REGIONS  
POLITICS  
BUDGET SURPLUS  

CULTURE  
CORAL REEF

```
Q  W  N  D  S  Z  B  O  V  F  J  W  J  B  L  B  K
E  W  T  F  E  L  R  Z  O  L  B  A  A  R  Y  E  Q
V  G  T  E  N  Z  J  E  C  L  P  D  F  R  T  S  B
V  D  T  O  H  J  W  W  T  Z  Q  M  S  M  V  L  T
T  R  T  L  C  E  A  F  L  I  T  G  I  U  H  G  W
S  E  A  B  A  I  I  B  I  V  O  C  K  S  W  U  T
T  W  R  D  H  K  V  A  N  C  C  E  M  N  D  L  R
N  A  D  R  V  A  T  Z  M  G  X  E  M  W  L  K  G
M  N  A  T  I  O  N  A  L  D  E  B  T  O  T  X  C
B  N  I  T  F  T  C  O  Z  L  G  U  H  L  N  N  N
B  E  S  O  M  C  O  A  O  O  G  H  T  C  O  I  P
J  X  Y  E  E  U  V  R  C  U  Z  F  C  O  C  N  K
V  A  J  S  Q  D  S  K  I  Y  L  Y  G  O  V  C  J
C  T  U  R  G  O  V  I  S  A  W  A  I  V  E  R  M
W  I  M  E  O  E  L  O  C  P  L  A  T  E  A  U  J
D  O  D  Q  A  F  G  C  C  G  Z  P  P  Q  L  D  L
B  N  R  I  N  A  F  K  P  Z  A  L  V  F  B  V  M
```

| | | |
|---|---|---|
| MUSIC | LAGOON | PLATEAU |
| ADVOCACY | ANNEXATION | VISA WAIVER |
| TERRITORIAL | NATIONAL DEBT | |

```
N M F B U C D I O Y B J I S Z E S E I
T F M M J H U T P P N N Y G G U G S W
L J Z O A K V S P R H T A O L I J Y I
A L C O N S T I T U T I O N I Y S C V
R S G Q A E W G F O P D Y H T B H O P
W U M Q O V T Z S G M V G I B E W M R
G E F K G I E A A E P S N J Z G A M C
F C A Z Y B C L R V A U I P G W H A D
M U O K Z I T P X Y U Y A O S B U N W
Y M C L N Y O M H K P F X F O I Z D F
G E H F L F N N G P I O H C Y J Y G F
F N B V J E I L R V V B L W Z V S O M
P Q S G P Z C K P J W W D I T F N R C
U F O O O S P T V K F Y T Z C V W E J
N Y G B U A L I I J M G Z M T Y B R D
F Q X S O M A V W V L Y W O S B S Y H
M Q O B Z H T U J L I L G L R V P R Z
A X R J T E E R R X B S J U F A Q Y W
N L S S B C P D Z N C B M S M Q D Z I
```

UNITY                  SWAMP                 CUSTOMS
COMMAND           COLLECTIVISM     CONSTITUTION
TECTONIC PLATE     MONETARY POLICY

```
F  G  L  H  S  S  C  J  M  S  G  M  L  P  J  Y
I  U  R  D  J  Z  P  O  Z  V  C  F  H  N  C  E
M  N  T  J  E  Y  V  Y  H  Q  X  T  J  W  P  Y
Q  O  S  V  T  S  D  Y  A  E  J  U  D  V  T  J
J  J  N  T  D  Q  L  O  C  K  S  G  H  I  E  D
Y  W  X  A  I  A  N  V  R  T  T  I  S  W  R  C
X  C  Q  D  R  T  E  T  E  F  W  R  O  R  R  N
N  R  T  W  D  C  U  S  A  A  E  B  U  N  I  I
H  H  I  Z  B  N  H  T  T  V  O  U  R  E  T  A
M  M  B  A  A  B  D  Y  I  H  O  T  G  O  O  A
M  L  Y  R  I  A  L  D  V  O  E  U  H  J  R  Y
A  N  O  N  F  I  C  T  I  O  N  T  K  J  Y  N
Q  Q  D  H  J  E  I  W  T  E  T  H  I  O  Z  Y
N  A  V  R  P  X  F  Y  Y  S  M  P  F  C  U  R
C  C  R  H  Q  D  C  J  G  J  E  I  O  A  S  J
I  T  N  S  O  E  B  J  H  L  H  U  A  D  I  M
```

COHESION          MONARCHY          DIVERSITY
TERRITORY         CREATIVITY        AESTHETICS
NONFICTION        INSTITUTION

```
Z  F  P  V  B  A  L  B  A  P  L  B  I  R  L  I
L  J  L  Y  O  A  S  I  S  F  T  A  V  N  I  Y
W  K  M  X  H  L  A  D  S  L  Q  J  Y  M  R  N
Z  E  I  W  L  J  U  G  C  O  Q  K  S  A  R  X
E  V  G  P  O  V  B  N  I  G  E  N  U  V  E  Y
S  O  M  K  F  T  P  G  T  U  V  T  M  C  E  I
S  T  O  P  Z  U  Q  Z  I  E  S  K  I  H  J  F
H  A  L  F  B  X  M  P  Z  E  E  V  T  G  P  P
G  H  L  G  B  T  L  J  E  P  R  R  I  Q  K  K
O  O  T  Q  E  N  M  G  N  E  O  B  I  W  U  P
S  K  A  A  L  Y  U  D  S  P  K  B  B  S  M  G
H  Z  J  E  I  F  D  U  H  K  C  K  M  D  M  R
U  O  B  H  E  J  X  S  I  Q  X  A  B  J  K  U
S  I  K  R  F  L  G  E  P  X  C  P  I  W  Z  B
N  H  P  E  S  C  A  R  P  M  E  N  T  Z  U  P
T  F  F  L  M  D  P  Z  S  E  Y  X  V  V  X  J
```

| | | |
|---|---|---|
| OASIS | BELIEFS | SERVICE |
| ESTUARY | REFUGEES | VOLUNTEER |
| ESCARPMENT | CITIZENSHIP | |

```
M M U P J X G U O B A V C H O K A V
S W A B Y S S A L P L A I N X X W X
S I D A B F P L T Y A C I K E L U D
J G M V D X R Y F H D V Y J Q W R L
Z P R W H T E X B X E I G L L N Z M
P B B O H Z P N Q Z M R Z R F Z E T
Z Y O F S I H L Z F I T I I W Z R V
H N Y V H S M V M Y G S R N H W Y W
A H B Q L S N K T S R S Z O G X J M
A U B I B J Y A I C A M K M Y Y H S
O M T U Z Z I M T Y T A N T H E M N
C A Y O D P G G A I I M H T D D R F
M I L V C G Z M N T O Z O Q E O D U
T H Z I U R E Q V Z N N Z D U L P U
N U K K X R A T P V Q G A J L A P P
B U M A R E A C S M Q R C L Q B Q T
R Z H Q J N A R Y U T D U F S Z I G
J T X C D N S I D G T J N X H X O L
```

TRADE            BUDGET            ANTHEM
AUTOCRACY        GATHERING         EMIGRATION
ABYSSAL PLAIN    GROSS NATIONAL

```
W N G M W E V X T V N U B J R Q V W X T
F F H G W W E E R O X I L J V X R L K K
Y D K V H Q X L A V C W K F T X Y V R A
R M O Y K H P E D M W J E M K Y E J D R
Q A T K K U S C E I H C S X Y J B C C S
A O D F U R A T D A D C A U S O E T G T
K E T M T X R O E S I X E S D O S W K L
Y V E L I D Z R F T Q K D L U E Y Q O A
Q U Y T T N H A I B X T A L R Q P I O N
C I S M Y P I L C J N Z N E H N L V H D
W R S S C N O S I A G W T C R S Y Z Z S
G A P D Q P L Y T R F N A Y V U T U A C
D M H D O H K S I R I Y T M C A A V O A
Q V K E D S W T A N A U A L Z E R U A P
R J G B P U W E O O G T P Z C D I H C E
A K I R V P V M K H W O I I W N F Q P N
X W N Z D P M L O R V L R V U S F A M R
W W D S U O W I L W G E R J E C Z X S I
V B N H C R O P Y V E T N C V I V J D Q
Y A Q C A T Y H I D F J K P M U F E T T
```

TARIFF     SUPPORT     GEOPOLITICS

TRADE DEFICIT     ADMINISTRATIVE     COMMON INTEREST

KARST LANDSCAPE     ELECTORAL SYSTEM

```
O L U L I Y R V A N K B Z S M X N F S
T C A G U W R E G U L A T I O N R V L
Y B I W Q G G A D L J P M H Y X H Y M
W O K D S R Z E C V V Z V D W Z V E D
V E Q O M J J H A Q W V I A A R T J C
Z W D D X H R B R Q Q S S A F U Z Y F
F R I L R Z H N M A B T F G T L L B P
U Q N G I Q V H G U U U A H Y E N B D
F N W A M T R T S A D P P O L O Q E M
O E L Y F P L K V C G R W O W F B C G
U F M G R D T R A D E S U R P L U S O
J Z T V I U W N J H T U W L W A U J R
I U T B H X J J U P D Q D B M W U C S
T R I Q Q N T L I B E V H C J C O B G
R P U M Q M N O N Z F K T U F L R N P
C H W P E R F O R M I N G A R T S B O
Z I H P L G N Z G W C B C H M N N Y Z
X L V Y H L T G Q O I K W F J M H Y K
A J W X C I H E R I T A G E C T R J J
```

LAW
REGULATION
BUDGET DEFICIT

SUBSIDY
RULE OF LAW
PERFORMING ARTS

HERITAGE
TRADE SURPLUS

```
G X Z Z X Z P E L H X K P O D R C J Q E W N A
M G E J L I U U V Z E K K T N D R I J Q A L C
O P Q L C W K H H J Y A M V N E T G I K D R B
B O C R M W S T W E Q O X X B A F D H N I F P
S M T U S I Q Y L Y A N F X W Z Q J N N U E Q
N S C L N A Y R P K X A T B V V I N K T G M B
A A A M W K W C U H X U N Q P X I K K F F A F
V N O G U U C E O R H X X Z C Q P K Y R A C X
F X S P U S I H L A X P R M B C W W S Z C Q B
B F T R I Y I J N E F I A E L S J U Q Z J S A
H V V S C U T N Q C T U Q Y W R Z T N V A Y T
S E L N C C A M L F R Q J U I W I D X Z N G U
M S L O K V I B E L O N G I N G R U N M S E T
D B I L A T E R A L R E L A T I O N S I N Q T
B S O S S B X J C E H B M B E M O A Q L C J G
N D V G T T F A L W Z T D O G Q T H K N Q H P
D X M Q B C D K H N I Q J J R J K H C C F N X
R D T V P I K Q G C I N E M A A H D R L P Q Y
V K Y V V V V Z M W B B Z U T T I D A B I C D
T C E T E F Z F F R P U H C I J D N T A C Z R
U H Y E I F G M F V W Y U H O G Y Z E H I U K
Q K H E H X M B J W S C E P N B B T R D P K Y
A F I D Y L N B X P N U G U S K Q H S W H G U
```

| BOG | CRATER | CINEMA |
| MORAINE | SAVANNAH | BELONGING |
| INTEGRATION | BILATERAL RELATIONS | |

```
A U S E N A T E F Z L Y C S I U F S
K I V V F W B F A W V H H O O U R L
W W K C X D B S N C S U A Q R B M E
O M C R W Z H O A X H Z B T N F Z N
B M J E P R J C R G S Z H L O Y T V
D H C W C I V I C D Y L V C I H K K
G M N B S P K A H E E Y F M Z B R V
A O A H T H K L Y M B R U M N E T Y
J Y Y J W D G I N A U S Q R X Q I C
G U S E O J K Z F N O Q C M E W Q H
X G U G Q U H A V D C P M C B H H N
E Z S E V J W T S V U I T F C F V J
V R S Z F K R I Q X G L B U S Y M S
O V T S C O B O Y F Q A N N U W H J
K P E C P V F N I O I V Z Z D H F I
F G W X Z H G S T R C R A U D Y F U
N E E H Q V G D J Q D T M X I O V P
I N N O V A T I O N D J A J I W Z K
```

CIVIC                BORDER              DEMAND
EXPORT               SENATE              ANARCHY
INNOVATION           SOCIALIZATION

```
T C C S W L E V C N O U K E E D N J T
N H V T M P X V S Z L G V D M I H N B
C G E Q C S S V I R X C I B J I C M I
B C N O G U U G P S X F U U P F E P U
H G Q O C U R D Z X U C A S N H M D M
O J Q P R R X L S Y S A T H T L W F W
Z O I N Z J A H D C O O L N V O Y Q R
R J O W C R D C K R C B A A Q D M E H
V R E L E C A A Y P I L N L R V J S X
T L P D D F A T A B A Z G M M T P S L
Z K E G S A D W V N L Q C T X A S L Z
Z F X Z D S S G O B C L L L T S J U E
R X J I O G P I H P A T A V F X U G Y
M M P T J F T D G H P Y V B J U T K Q
B E V L A A C P B T I U Z W R H A Q P
J D I M N O B Q Q W T D P T W R W Q H
Q I R U R A L Y A P A E X Q V Z Z X Q
F X C R S B G F M C L O U B K V S N T
P A R T I C I P A T I O N X A X W Y G
```

| | | |
|---|---|---|
| RURAL | CUSTOMS | FEDERAL |
| THEOCRACY | VISUAL ARTS | PARTICIPATION |
| SOCIAL CAPITAL | NATIONAL ANTHEM | |

```
E  L  A  R  K  O  S  R  K  V  Y  O  V  A  Y  Z  L  P  J  O
S  Y  W  W  M  W  Z  E  X  T  M  X  Z  S  N  S  A  Q  W  U
W  W  C  E  H  M  X  C  L  I  J  M  W  H  E  Q  U  J  J  D
V  N  W  X  C  I  T  I  Z  E  N  S  H  I  P  T  E  S  T  X
J  F  V  T  U  N  I  T  E  D  N  A  T  I  O  N  S  R  W  B
W  L  B  T  U  X  K  A  P  O  L  I  T  I  C  S  E  G  Q  V
W  C  C  G  Z  R  M  T  X  H  L  B  C  Q  N  S  R  Q  V  P
R  M  O  J  M  W  C  Z  M  A  R  S  H  X  E  Q  K  U  N  W
I  D  T  Y  R  F  S  B  P  B  Q  U  F  D  H  L  T  B  Q  F
C  B  P  M  O  E  I  I  E  O  C  V  U  A  A  L  E  M  G  X
S  Z  Z  I  U  N  C  X  U  D  I  P  G  P  B  O  I  W  X  T
S  T  C  C  X  I  M  E  M  M  F  D  Q  W  N  X  S  B  I  V
E  L  O  S  N  T  J  L  S  S  Q  I  G  S  T  J  L  Y  B  O
H  Z  M  U  R  R  B  V  W  S  I  J  D  Y  O  U  V  Z  O  Z
Q  P  M  X  M  F  Q  P  A  G  I  J  V  V  K  L  L  L  X  B
C  D  U  H  H  H  V  M  V  C  O  O  G  T  Y  M  V  E  M  F
X  F  N  O  I  U  W  A  Y  U  Q  A  N  C  Z  L  Q  I  W  P
R  I  I  N  Y  E  A  R  Y  G  F  P  Q  X  W  L  Z  T  C  E
X  K  T  E  Z  C  R  H  Y  C  P  Z  Q  B  P  C  M  D  T  O
Q  H  Y  I  P  I  C  Q  W  M  X  L  J  U  I  X  K  B  F  Q
```

MARSH
COMMUNITY
MUNICIPALITIES

DESERT
RECESSION
CITIZENSHIP TEST

POLITICS
UNITED NATIONS

```
Q Y F A D B E I A C Z W X M M Z F B E E
Y Y C C V U Z J B X Q C Z B B Z B H U S
S N V X J O A O E K L W K Z Y K M L E E
G V Y G D E C L G U R K P O O M M Q J G
I C B L V O B N C B A R E E V W A N Z U
C I H J M S W Q O I M P S W I J O V I T
K Y V W L L B V J O T F E X N B M L R Q
O B M M X H E B S A F I X J W I L G H F
L U A D F X B Y Y T T I Z I B B V D F S
W T F L L Y Y M J U U D C E N H H F Y W
H E S S A A O U W X Q I Q Q N Z I Z G L
R O C L G N O M P A N V Z P Z S J Q A O
X Z D D O F C R T T G E O M Y Y H T A L
F C H T O E W E H B C R A G C N I I P I
F T U K N N C N R H G S O X A P V Y P V
Y A F V S F H L I M M I G R A T I O N O
A I A V L U P S V H F T A C B O T Q N F
S P X W X E R D Y B S Y U K M G H D X V
Z A R S O L V J S E Y X G N Q Y A H K J
C G M P F D J K N C Q U N Y I E F S P T
```

CRAG            LAGOON              CAPITAL
BALANCE         AUTONOMY            DIVERSITY
IMMIGRATION     DUAL CITIZENSHIP

```
Z  P  F  O  K  D  Y  Q  C  I  L  X  R  M  T  T  C  T  Q
E  Z  Z  A  D  Y  D  N  G  R  V  F  W  B  Y  J  O  H  O
N  O  J  Y  M  Y  A  L  L  U  V  I  A  L  F  A  N  I  R
S  O  Q  X  C  M  K  L  F  N  K  D  Y  V  A  H  S  O  H
T  O  N  C  D  E  U  H  V  K  O  C  P  X  H  N  U  N  W
Q  Z  C  P  T  X  J  G  V  A  O  Z  W  U  M  N  L  O  F
R  I  J  I  R  P  G  J  D  R  F  D  V  Y  M  V  A  X  I
G  S  Z  E  A  O  A  L  Z  G  P  O  W  Y  I  V  T  H  D
W  L  I  M  D  L  F  N  E  A  J  J  R  S  J  Z  E  M  Y
Z  P  C  B  E  J  M  I  W  O  E  P  T  S  B  U  V  D  L
D  L  K  I  A  X  Q  O  T  R  L  I  Z  K  F  G  O  Y  X
D  Z  E  L  G  W  I  M  B  M  U  I  S  H  F  I  T  S  E
B  Z  R  A  R  M  K  Y  D  I  V  E  R  S  I  T  Y  V  T
U  N  W  T  E  D  F  A  A  Y  L  P  E  R  E  U  M  V  F
R  P  N  E  E  C  O  N  O  M  Y  I  E  H  V  W  C  Y  Q
A  D  M  R  M  S  F  J  F  A  H  W  T  K  C  U  H  K  S
L  S  J  A  E  L  G  Y  C  O  P  F  U  Y  G  C  N  E  E
C  Y  E  L  N  O  Q  K  Q  X  O  A  Y  Q  F  B  W  O  T
W  U  F  S  T  A  O  W  T  A  A  Y  N  R  X  O  U  J  D
```

| | | |
|---|---|---|
| ECONOMY | NONPROFIT | DIVERSITY |
| BILATERAL | CONSULATE | ALLUVIAL FAN |
| SOCIAL MOBILITY | TRADE AGREEMENT | |

```
G E R D Q K S E Y E A T T X Z P G
H P M M O Q D F D H N T A S Y D R
I P M F W M R X C C L H Y M I X M
A D J L Q A P Z F H D H B W M A J
M I A A S N U S H U F O R I K L X
L G Q R A O G Q W W D A T S B B Q
L S Q T U N E D I M P O R T R C F
H B Z A I S T S V C H A S H L S X
Z E A V M S A H T X V E X M S U I
Q C A P E Z T T R G R T S U V T C
R S G U Y T F S E O D L Q S O W R
K G W T R G U K F Y P N U W N J V
X Q S J V O M N L R U O Y U J B N
Q R W B B X I R U L Z A L X P T Z
G M K R T A X W E D W E T O Z Y V
H U F B R P Z M I V I S T F G V P
C W C L L O C A L E C O N O M Y C
```

| | | |
|---|---|---|
| AID | CAPE | IMPORT |
| ISTHMUS | SAVINGS | RAINFOREST |
| ANTHROPOLOGY | LOCAL ECONOMY | |

```
X  N  I  F  V  M  B  D  B  Q  V  Z  V  G  A  S  L  U  X
J  W  P  W  A  W  S  C  V  U  C  W  G  Y  V  T  O  C  Q
H  X  G  Z  C  M  I  C  C  G  Q  C  E  Y  I  N  F  P  H
P  O  P  U  L  A  T  I  O  N  S  Y  P  U  A  S  A  O  Z
J  D  E  L  B  T  P  O  J  T  O  H  P  C  P  D  S  L  Y
G  V  C  R  Z  D  G  I  G  H  H  L  L  T  M  S  I  I  X
T  T  D  F  S  B  N  A  T  O  Z  O  Y  T  B  I  L  T  S
L  L  O  U  D  C  W  F  Y  A  V  O  M  Z  U  N  J  I  G
Z  G  O  U  J  K  X  S  Z  X  L  E  U  M  S  K  T  C  C
V  O  J  H  L  E  P  R  H  H  P  I  R  R  I  H  F  A  R
D  R  J  K  I  S  A  J  W  J  F  G  S  N  Q  O  N  L  B
J  W  E  S  X  B  X  W  K  N  B  K  O  M  M  L  K  P  D
T  U  B  E  T  I  P  D  R  A  W  I  N  G  D  E  Z  A  O
P  W  N  N  T  K  T  I  D  Z  G  Y  K  M  F  W  N  R  I
X  F  H  P  L  R  T  M  X  I  X  M  N  Y  M  L  H  T  L
F  D  S  L  O  G  Z  D  L  T  S  L  V  N  Q  I  N  Y  F
J  V  W  L  H  B  X  E  P  T  L  O  K  P  P  Q  L  K  A
J  Q  H  N  A  C  R  S  O  Y  D  I  X  Z  H  K  T  F  N
Z  S  B  T  I  T  K  F  K  K  Q  N  V  C  Z  D  M  T  L
```

VOLCANO           DRAWING              RELIGION
SINKHOLE          CAPITALISM           GOVERNMENT
POPULATION        POLITICAL PARTY

```
F E Y B K U X H A S Q E V R Z F E U X
W X Y Q L Y W Q C O E S U G C O G U I
C P Q O H Z B I G C S I L S E K U I C
Z O D M W I C C T I F X G V W W E G Q
J R C P C A L A R A B N E O L R Y L G
Q T G V P R S P J L S U P P L Y R K T
A Z V G F T U E H C G E Z P U D Y D M
Y X L H Q X F O A O K M D D N X W S I
Z J C M X I X D L N T P A T A O F Z K
Q G W E P F X A F T O O D T Q U X Q E
L O G I E B I E L R W W G X B E R J I
B Y C J K D L L L A A E J R G W N Q Z
U F Z X R X W J D C E R N X A D T O N
Y J S C L X Z O C T H M N N H P F H R
Z L F Y W G Q D H Y H E K Q R Q H H X
A R Z J F H J G B A X N Q K Q E W Y X
W J I D G K I T Y T I T Z P B P T T C
W B I O B B L Q X X Z S E T K U Z U Y
B J Q T A I L U C C Z Q J W Y C L T H
```

ASEAN  
SUPPLY  
EMPOWERMENT

BIGHT  
DIALOGUE  
SOCIAL CONTRACT

EXPORT  
PHOTOGRAPHY

```
U  F  S  V  Y  P  F  D  T  X  X  W  Z  E  F  C
Q  J  G  C  P  G  R  P  Q  X  P  L  K  T  G  L
J  N  F  J  B  E  Y  O  O  S  Q  N  Y  W  N  W
J  K  N  F  V  L  Y  D  D  X  A  G  G  F  S  L
K  A  E  M  D  L  T  Y  P  U  G  J  N  L  I  S
Z  M  P  A  T  S  Z  B  L  O  C  L  H  S  D  D
V  I  P  L  F  K  T  M  R  Q  Q  E  P  I  Y  Q
N  I  A  F  A  F  Y  A  P  X  J  S  R  R  L  N
Z  C  K  I  L  V  E  G  N  B  K  Q  O  V  G  M
Y  U  R  C  A  A  O  N  L  A  T  E  I  K  V
P  A  A  T  T  V  G  F  F  R  N  L  A  O  B  E
T  C  T  I  G  S  M  P  I  O  O  P  E  C  M  W
G  Q  K  O  V  R  F  V  M  E  M  K  E  L  R  Y
Y  W  X  N  A  T  I  O  N  A  L  I  T  Y  D  Q
R  A  V  M  Z  R  R  M  C  U  A  D  Y  Q  Z  W
K  F  T  W  B  P  X  Z  E  N  B  R  L  X  H  Y
```

FLAG
PRODUCER
PROMONTORY

OPEC
CAMPAIGN
NATIONALITY

FICTION
LAVA FIELD

```
E K W D N H N Y Y N H U S M L Z Z L N O
E X H A U A Y J L R X V R N W U A V S A
E X P Z P D T I F C O Z O K K T C E G F
S E C R P T K U O G E I Y J L B R K C T
M I E P E F M I R E T E Y E D I V I S P
K P Q R F S O G X A B M D R K V L G E Z
E R P P W L S I Z X L F L G Y J T F E V
H T A L D H L I M L I I Z L U S J Y K W
F C R D A G N A O W Q X Z X E X I H E Q
Z J Q H N A M C E N O T E A I S M K O W
H A O R B G L V U K T Y N X T S Y I E T
E K J R Q X Q A A T I O G I T I T F D V
R L U L D P S V G V U M A O K P O K N B
T G K C O M M U N I T Y G A R D E N L U
U J E I B C P C U E Y F E I W M O Z Z R
W V Y W H Q L U S E B T M I B L B U W C
U V H E F M L T B N X L E G O T S C F N
L L R T I K M C Z K F O N Y X N G A I F
C Z Q C I W W N H A M J T N N F N O U H
B K D U U Y U F H E W T I Y E Q F F K C
```

| | | |
|---|---|---|
| FJORD | DELTA | CENOTE |
| ENGAGEMENT | EXPRESSION | URBANIZATION |
| NATURALIZATION | COMMUNITY GARDEN | |

```
I  P  T  D  N  U  Y  B  M  A  Q  C  P  Q  J  C  K
O  L  Z  L  U  I  R  A  R  U  J  Y  H  Q  W  J  C
N  O  B  D  B  N  E  V  O  B  K  Y  P  K  J  R  S
F  Y  B  Z  G  F  T  X  D  W  H  H  V  C  Q  Q  K
C  O  A  F  V  L  H  M  P  P  O  L  R  H  K  A  A
O  R  L  L  G  A  Y  W  A  Q  V  J  E  A  F  V  S
N  M  L  D  L  T  F  R  A  E  F  E  B  Y  T  N  Z
S  G  H  E  M  I  G  E  F  S  F  P  B  A  X  O  O
U  A  O  T  X  O  A  C  D  C  W  A  C  F  W  P  F
M  E  N  D  E  N  U  N  N  E  O  F  V  W  X  O  S
P  D  K  G  Z  B  U  N  C  E  R  K  G  Q  I  E  J
T  Y  U  N  I  M  S  X  T  E  E  A  Z  Q  M  T  F
I  K  S  X  C  X  B  Z  V  A  C  M  L  B  R  R  Z
O  U  A  V  V  U  A  A  W  K  I  U  T  I  D  Y  Z
N  F  U  L  S  G  C  I  D  E  P  N  H  D  S  Z  H
Z  O  Z  Q  N  Z  V  R  G  X  V  H  W  Y  U  M  S
L  S  W  S  B  O  Q  X  H  I  Q  I  W  Y  M  S  H
```

| | | |
|---|---|---|
| CAVE | POETRY | ALLIANCE |
| INFLATION | GEOGRAPHY | FEDERALISM |
| CONSUMPTION | FOLD MOUNTAIN | |

```
M H P L K Z Z O Z M M C S I T O T K R
I B I D P N K Q T Q Y W G M B T L T D
B R B N O H B C L A Q U E N U V O Z L
M I S Y T Q S B V C Q S Q D Z Q T H I
V Y N F M E W O D C H P R D Z H N Q E
X A M T P S R Z C F J X I N Y B G D D
C V P L E A A L R I E T O S V R V E V
Y C H M H R X B A I A X O U V O G F U
I D I A K G E O O N O L I G A R C H Y
S V L K I W F S C B D Y N J F K V R U
J R A R A T U A T I G T G O P W K M Y
A W N S K U L Q V R Y L R H R C C I C
D X T J A B U V M C A G P R Z M V X U
V Y H F S K A O K F X T D S M A S M A
W T R A D E A G R E E M E N T M X L H
A A O F V Q T B M Y L S C U Y E S E U
L F P J A J U M E A N D E R X Y E R S
O J Y M X M Z X P D E A X K D H R L D
F P I Q H N J J D X N R Q E B K T U G
```

CANYON
HINTERLAND
INTEREST RATE

MEANDER
PHILANTHROPY
TRADE AGREEMENT

OLIGARCHY
SOCIAL NORMS

| X | S | S | Y | R | M | S | L | G | X | N | H | L | T | Z |
|---|---|---|---|---|---|---|---|---|---|---|---|---|---|---|
| T | N | S | U | M | M | I | T | O | L | B | Y | H | F | J |
| L | T | F | O | J | K | K | H | L | Z | A | I | L | G | S |
| Y | I | M | Q | I | E | N | O | R | M | S | C | Z | W | A |
| S | T | Q | T | Q | K | T | O | M | R | Q | P | I | L | U |
| L | U | M | W | C | A | S | C | O | N | S | U | M | E | R |
| M | T | O | W | Z | L | I | B | P | J | Q | B | X | Y | R |
| M | Y | T | S | T | E | N | U | K | X | A | L | T | C | C |
| T | K | R | R | I | I | E | U | H | H | S | I | D | I | V |
| X | Z | V | R | O | C | L | U | R | V | C | C | E | M | W |
| W | X | L | Y | H | Y | K | U | B | I | C | D | H | V | K |
| C | I | R | U | U | C | L | F | N | B | I | E | Y | H | T |
| N | X | E | X | Z | J | V | H | J | N | J | B | R | E | W |
| J | R | K | C | U | L | T | U | R | E | P | T | S | P | G |
| V | L | N | R | H | E | J | A | D | T | W | Z | N | Z | E |

ATOLL                    NORMS                    SUMMIT
GLACIER                  CULTURE                  CONSUMER
ETHNICITY                PUBLIC DEBT

```
H S N F C Z Z K T V U Q S Y W I I K R
Y G U A K I F T Z P Q K C R E U V H M
P B Y S T H B Q E K Y D J G H B V Z E
W B T W T I R J G T L E I X E Y A K U
P K J U L A O W I V K V Z C A Y F H X
G H U E T T I N S U P E U X D M F E G
R C Q Z U R F N A Z Q L R X O Q O O V
X S I E C K U A A L O O Z Q F Y I O R
R V A T E E J K Z B E P D O S A M W S
S V M G K A W T E H L M N E T E Y X A
A O A L D D G G O R G E B U A J N T D
Y I C O E C H B L Y D N P L T Y K J I
I Y B I N E Q U A L I T Y P E R W S O
G O O A O C Z C Y K Q C J B Q M U L B
G H Y M P L C E Q F I Y S K Y V Q F E
F Z U T C J O M N L N Z N B U O Z D M
Q B P Y N K L G O W J S S Y P U N M V
X D W B I O G P Y P Y P S K H Q U V Z
P X C O B P S O O U X M Z E P N N B Y
```

GORGE
INEQUALITY
HEAD OF STATE

POLICY
DEVELOPMENT
NATIONAL EMBLEM

SOCIOLOGY
SUSTAINABLE

```
G B R K M R Q V V D T C Y H Q G K H I F
X Y L Q B J Q K S D A N G O B H E M Q A
U P I C E X W M Q E C Z F F W V P A E O
X O S Z I O F Z J V Q S V Q O Z X U T M
I E R T Z V P F D E P H X Z Z A R G T N
R Y W F W X I P Y A C V H E S P K V H L
M T V G V I M C O Z R P H S H U V I G I
C M L G J G J R E X K R A V S C K N K N
H G I M B D H A P N S I P T H I F V M V
J A B H E O P F N Q G V R X C K Y Y N V
D U G Q S H A R E D V A L U E S N N K M
R K M K W S S Z D K E T G P R S W Q E B
R M H M F W S X L N B E U E B L X Z H Z
I W Y P V W E C I Z F S F M M F E T A J
W C A Q I F D F W O Z P D J H E A G X Y
T Z V Y C Z H Q F A I H L E E R N E F U
G J Y D X T M U F A G E R S G B Z T Z M
Y V I S A L T Y H R G R E P U B L I C G
I T R E N C H F F L S E X D O J S R W E
H Q A U N B B M J J R U V Q T V R O F C
```

PASS          VISA              TRENCH
REPUBLIC      FINE ARTS         SHARED VALUES
PRIVATE SPHERE   CIVIC ENGAGEMENT

```
M L D F O G B M N U V I J R N I N O F R E L
Y H G I S Z J M R H O M T C I V E A G W Y J
E Y V L S Z U U C M I G H D V D I N L X Y S
O V V Z Y C P L F K U V Q N O D G P E I V P
W J D O O R R T Y G V S U F D I H E X D Y B
Y C K W C X K I Y G U P L W R V B X R K Q K
R X J O D L J L M Q P M I F Y C O L F G O W
Z I M C Y U V A O I F Y V Z P H R B L N A R
V Z N W Y Z M T T R N N D T O V H A B H N X
A A O V A L U E S E P A L I L D O L P Z Z H
J R H U Q Y Y R M H C U T J A T O J I D F T
E B R O T H J A D O A O X I B O D S M S U G
F C D A M N U L I E W L N X O T W T V H Q N
W X R M T F J O W E J E I O R N A S F E C A
W J X E U W T K Z T K Q T I M V T A W L U J
C U C B Z S K U A O G R R Y A Y C C U Y H A
T I E S I C I P P D O S S O R J H X P S E P
V B I X M Y V T G P Z D W U K W F G Z V C O
V V E M Q D N S M C U D N K E O R C X N F F
Q H R B Q S B I Z V B Q X K T F V H A J Y Y
S J V Y B P K L H W X V P A W Q N J U E I Y
W C X W Z A M V H B N V C L O A L U E G F W
```

RIDGE                   VALUES                 IMPORT

ECONOMY            LABOR MARKET      MULTILATERAL

DISCRIMINATION     NEIGHBORHOOD WATCH

```
D  L  B  J  R  N  G  H  Z  A  L  U  O  J  O  G  C
O  E  D  G  T  S  T  E  P  P  E  G  G  Z  Y  G  P
W  I  E  K  O  O  A  I  O  X  O  K  P  A  M  P  J
O  X  P  L  B  V  E  A  Y  S  A  I  N  U  Z  A  O
T  A  R  E  M  S  E  V  F  Y  H  R  N  M  Y  Y  E
G  A  E  U  P  Q  E  R  S  S  Z  W  T  G  A  Y  Z
F  Q  S  K  F  R  P  L  N  T  S  N  Q  K  S  O  Y
I  I  S  I  D  U  W  E  I  M  E  M  H  R  B  C  D
Z  P  I  U  O  I  Z  G  Y  D  E  K  X  U  B  C  K
Y  M  O  Z  X  I  O  I  I  W  L  N  E  M  L  Q  B
X  K  N  N  T  J  X  S  N  X  M  J  T  N  M  R  R
T  N  C  I  L  A  E  L  Y  F  P  Y  P  V  U  F  N
V  L  C  I  L  R  E  A  Y  N  R  D  Z  C  F  L  W
Z  P  S  N  P  J  K  T  P  F  A  I  E  J  B  B  Y
H  X  J  N  K  J  M  U  B  F  P  Y  Y  K  Q  I  K
D  I  C  T  A  T  O  R  S  H  I  P  G  E  H  U  B
O  C  O  N  S  U  M  E  R  I  S  M  B  V  E  X  G
```

| | | |
|---|---|---|
| STEPPE | PRESIDENT | GOVERNMENT |
| DEPRESSION | LEGISLATURE | CONSUMERISM |
| CITIZENSHIP | DICTATORSHIP | |

```
C H O Q P Y I J Z Y M H Y S U T N G B W
M I E W X X P Q I M R G K I A C Y U O R
Q P W C M S L E D Y S H I Y X Q W K B O
M F Z B O Z D H K C D S M I Y Y Q H L O
E E E I R L M A G Y E E V S X H I Z B Q
X X K A E Z L T F C O A S T L I N E P C
Z X E S S Q N A K S V P A B R R S B Q D
F N M C T P D X B T N L J A A F T Q Z
L C O A U E C O N O M I C G R O W T H S
O K O S G T P X A B R L P I Z M W V H P
O P O Q T J I P L P O A S F W R A D T G
D K Z V D J Q V E A B V T R L L K I D K
P E Y A U B I E E X U P K I D L Q U K Z
L Z V E F H Y T O B N L C H O T T U R N
A H J M G Z V N S A R M Z Z H N K U R O
I B V O K I K X U R B A N I Z A T I O N
N E B I L C E X W H A L N I E K Q K O S
Y T G O W H Y O Z W S C R C V C A I G E
B D N O R I K S E I I Z Y P H C X K P Q
Y I N C U E W E C E C L K C T Q Q C I P
```

MORES
FLOODPLAIN
ECONOMIC GROWTH

STEPPE
URBANIZATION
EXECUTIVE BRANCH

COASTLINE
COLLABORATION

```
M  V  V  S  A  O  P  G  W  K  K  R  H  K  V  Y  R
D  A  R  C  G  I  O  G  E  K  B  W  L  T  S  I  G
Y  P  O  Q  L  J  G  J  I  Y  M  F  G  V  S  X  N
Y  T  R  P  S  I  F  O  N  Z  S  O  K  F  U  S  B
P  H  R  O  U  G  Q  Y  V  D  T  E  A  K  A  K  F
A  U  W  I  D  U  D  M  F  E  E  Y  R  Y  Y  H  R
R  X  B  B  H  U  M  K  Z  X  R  U  C  C  L  Y  W
L  L  I  L  D  O  C  H  B  O  I  N  M  A  S  L  F
I  O  U  W  I  I  J  T  F  O  E  V  M  B  R  W  P
A  Q  O  Y  A  C  P  S  I  R  H  J  V  E  W  G  R
M  T  M  E  Q  Q  S  L  A  V  Y  V  A  R  N  U  D
E  F  I  S  C  A  L  P  O  L  I  C  Y  J  Q  T  Z
N  H  Z  T  S  V  S  R  H  M  F  T  U  Y  S  D  S
T  R  R  F  I  N  E  D  I  E  A  V  Y  G  R  B  W
R  Z  K  Y  A  F  R  M  E  Z  R  C  B  Q  X  Y  R
P  N  X  R  C  C  C  P  E  Y  U  E  Y  S  M  D  H
E  C  T  H  E  G  Z  Z  M  Y  L  M  B  O  Z  R  R
```

| | | |
|---|---|---|
| GEYSER | DIPLOMACY | GOVERNMENT |
| PARLIAMENT | TRANSPARENCY | PRODUCTIVITY |
| PUBLIC SPHERE | FISCAL POLICY | |

```
I M N S V J S N T I V D Y T M U E G X A A
Y Z Z H G A U N A O Z M G V B H J Y A V Z
G Z G C E E W O Q T W P F T B G T Z Z G C
G O R X O A P U B L I C P O L I C Y J H Z
K V V L N M D P C Q U O U B N T E M Y W E
P K P D I A M O I A U H N U V C O F N S S
M V C W J O G U F R F M M A I V Q V R A R
X P L E C K S O N G Q M R Z L D S R A V U
V F U N M A V X L I O O M T I I D X H A H
V C P M M P Y K Z C T V P G S H S V O N W
A M U A X V Y K E N L Y E O N S D M H S R
T Q P R O V I N C E S C C R S G O P E Z U
I Y O K F B I P T O X V X E N U C B M T J
Z F T E S L C R J A W G E G N M R Y F N Q
R Y I T N Z E C Z A O S O S N T E J S Z G
S O D O M P C R A H J N O O F B E N W V A
K R J J J G M A M P Q J I S C Z J R T Q U
Y M M R Y U A Z X F H O B K G B M Y J Q L
M N D O F G O M A K U C R R I D R C O N D
E J I W B C O L L E C T I V E E R S L Z M
D K D B P M P S E M F X O M M B T L B E P
```

MARKET

NATIONALISM

COMMUNITY CENTER

PROVINCES

PUBLIC POLICY

HEAD OF GOVERNMENT

COLLECTIVE

ONLINE COMMUNITY

```
P Q A V R K S Z D B I U M X J A K N J W
R F V S E E E V I W F X A V B N C X C B
J L D B A T O S P C Z Y L U A D L H D G
X R J S B D G Y L J O L G X C M L E A U
X U E M B A R G O Q O H E Y L J V V Z C
Y M M Y D Q B I M T J W A Z R S T W C B
X X B R H D S Y A T D R Z D L K K H J J
J L A G W Z M M T I X K W I X K T I G N
S Y S R T T K E I L P G S C M W O N N S
R E S I D E N T C O U N C I L W Z M L P
J P Y N P K K B C Z M N I X Q R I Z B F
V M H Y K O V E O N H W J W K V D Z C K
F P K P G R O F R C D Z E Y N G X K M K
J I D R S Y Z R P S Y C H O L O G Y Q G
T F T T C L A S S U K W B T Z F S H L Y
P M U W C L T S R N W T A G R T R V Z B
R T A S B H P J O V V E J M Z D A N S W
W A D M T F F X L X M B B A L G V C P M
N A G G R N U D R N S I F L R L I J B O
X A J A P M L G Z M V T O G F R N F W G
```

MESA
EMBASSY
DIPLOMATIC CORPS

ATOLL
EMBARGO
RESIDENT COUNCIL

CLASS
PSYCHOLOGY

Made in United States
Troutdale, OR
12/08/2024

26093907R00030